RECHERCHES

SUR

LES ILES DU COTENTIN

EN GÉNÉRAL,

ET SUR

LA MISSION DE S. MAGLOIRE

EN PARTICULIER,

Par C. de G., correspondant de l'Institut.

A VALOGNES,

IMPRIMERIE DE Vᵉ H. GOMONT, LIBRAIRE.

———

1846.

RECHERCHES

SUR

LES ÎLES DU COMORE

ET SUR

LA MISSION DES MASCAREIGNES

EN PARTICULIER

Par C. de C., correspondant de l'Institut.

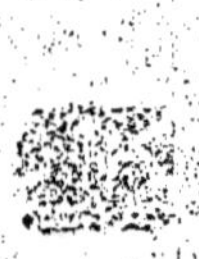

MADAGASCAR.

IMPRIMERIE DE V. R. ..., ÉDITEUR.

1860.

RECHERCHES sur les îles du Cotentin en général, et sur la mission de S. Magloire en particulier.

Depuis environ quarante ans, j'ai beaucoup étudié les différentes parties du département de la Manche. Dans ma jeunesse, je me suis plus particulièrement occupé de son histoire naturelle. Dans mon moyen-âge, j'en ai parcouru l'ensemble avec beaucoup d'attention. J'ai étudié ses antiquités, et particulièrement ses camps romains, ses anciens châteaux et l'architecture de ses églises.

Parvenu à un âge sédentaire, j'ai déchiffré ses anciens titres, et spécialement les cartulaires de ses cathédrales, de ses monastères, de ses châteaux et de ses hôpitaux. J'ai fait une collection de ces documents. Elle forme plusieurs volumes, et est arrivée à 5 ou 6000 pages. J'ai eu le bonheur de rencontrer entr'autres le Livre Noir de la cathédrale de Coutances, dont j'ai transcrit textuellement tout ce qui n'était pas imprimé. J'ai copié aussi entièrement les cartulaires de Montebourg, de St-Sauveur-le-Vicomte, de Savigny, de Hambie, de l'Hôtel-

Dieu de St-Lo, de la Perrine, et en grande partie ceux de Blanchelande, de Cherbourg, de Cérisy, de Lessay, du Mont-Saint-Michel, de Marmoutier, et de l'Abbaye-Blanche de Mortain. Ces deux derniers sont dûs à l'obligeance d'un ami, qui a bien voulu les transcrire pour moi dans les grands dépots publics de la capitale. Tous les autres sont dûs à des communications amicales de l'archiviste de la préfecture, de différents administrateurs du département de la Manche, et particulièrement de feu M. Lespinasse, ancien sous-préfet de Mortain. Je ne dois pas oublier la bienveillance que j'ai constamment rencontrée dans mes tournées départementales.

L'étude de tous ces documents m'a mis à portée de puiser à leur source les renseignements dont j'ai pu faire usage, et m'a permis de parler en connaissance de cause.

Au milieu de ces recherches, je n'ai jamais perdu de vue les îles qui appartinrent si long-temps au diocèse de Coutances. De la maison où je suis né, j'ai pu voir constamment la partie de l'île de Jersey, qui est en face de nos côtes de Portbail et de St-Germain-sur-Ay. Je me rappelle que de la maison paternelle, je distinguais, par un temps clair, les champs qui avoisinent le château de Mont-Orgueil. Je me souviens même parfaitement que de là, j'ai vu fréquemment tirer le canon de ce château, aux jours des saluts royaux, des fêtes nationales ou des réjouissances publiques ; en plein midi, je pouvais apercevoir la fumée de chaque coup, et compter à la montre le nombre de minutes qu'il fallait pour que le bruit frappât mes oreilles. Dans ma jeunesse, j'ai habité long-temps cette île ; j'ai parcouru celle de Guernesey. Des falaises de Jobourg et de Flamanville, j'ai discerné de très-près l'île d'Aurigny, et distingué quoiqu'à une plus grande distance du cap des Pieux et du Grosnez, la côte rocheuse de Serk, et celle de Guernesey qui en est le plus rapprochée.— Je possède un exemplaire assez bien conservé de l'excellente carte du diocèse de Coutances, publiée en 1687, par Mariette ; les îles Anglo-Normandes en font partie. Leur position, leur distance, leur orientation avec nos côtes y sont parfaites. On ne doit pas être surpris qu'en m'occupant de ma patrie, j'aie pensé à ces îles, qui, pour être politiquement et religieusement séparées de nous, n'en sont pas moins très-rapprochées géographiquement parlant, et plus encore par les liens de cette charité chrétienne qui est au-dessus de tout : *Major his est caritas.*

Jusqu'au XIIIᵉ siècle, les îles du Cotentin ont fait partie de notre ancien duché. Le roi Jean-sans-Terre, forcé d'abandonner la Normandie, les conserva parce qu'elles étaient défendues par une mer, où les Anglais se trouvèrent les plus forts, et par des privilèges sans exemple dans les annales des nations de l'Europe. Mais aussi long-temps que l'Angleterre et la France eurent la même religion, les liens spirituels rapprochèrent toujours les insulaires de leurs anciens pasteurs , jusqu'au moment où la prétendue réforme religieuse les sépara définitivement sous le règne d'Elisabeth.

Nous n'avons pas ici à nous occuper des causes et des effets de cette déplorable séparation. Je ne prétends pas non plus rechercher ou étudier les causes de la prospérité croissante de la plupart de ces îles. Je voudrais seulement réunir les matériaux que j'ai recueillis sur leur moyen-âge, et que m'ont fournis les titres épars dans les différentes chartes de ma collection. L'abbaye du Mont-Saint-Michel, celle de Marmoutier, près de Tours, et celle de St-Sauveur-le-Vicomte, m'ont particulièrement fourni l'histoire des établissements religieux dans ces îles depuis le XIe siècle, jusqu'au XVIe. Le duc Robert, père de Guillaume le Conquérant, a fait, au Mont-Saint-Michel, les donations les plus détaillées que nous ayons sur l'île de Guernesey. Son fils Guillaume donna au même monastère six paroisses de Guernesey, avec les îles d'Aurigny et de Serk. Les six paroisses de Guernesey appartenaient d'abord à Néel Vicomte du Cotentin, qui, après avoir été le fidèle lieutenant du duc Robert, méconnut les droits de son successeur, fut vaincu à la bataille du Val-ès-Dunes, forcé de quitter la Normandie, et, pour y obtenir son retour, obligé d'abandonner au souverain, qui l'avait vaincu, de grandes possessions en Normandie et à Guernesey. En réunissant les donations faites par Robert au Mont-Saint-Michel, et par Guillaume au même monastère, et à celui de Marmoutier, nous avons à peu près le fondement de toutes les grandes propriétés *des îles* du doyenné de Guernesey, durant le moyen-âge.

Dans le doyenné de Jersey, qui, pour se compléter, n'avait pas besoin de secours étranger, la grande propriété fut, à la même époque, partagée entre l'évêché de Coutances, les abbayes du Mont-Saint-Michel, de Saint-Sauveur-le-Vicomte, de la Trinité de Caen, et de Montivilliers-en-Caux.

Il n'y eut pas jusqu'à la petite île d'Ecrehou qui ne fût donnée à un monastère du diocèse de Bayeux. L'on conçoit à peine que, dans une île où il se trouve peut-être moins d'un arpent de terre, on ait fondé autrefois une église où *les mystères divins devaient se célébrer tous les jours*, et que cette église ait subsisté jusqu'à la fin du XVIIe siècle ; car la carte de Mariette marque encore sur le rocher d'Ecrehou les ruines de la chapelle Notre-Dame.

Cependant, une autre petite île, celle de Herm, où il ne put jamais y avoir une paroisse, avait aussi sa chapelle dépendante du Mont-Saint-Michel, et un couvent de Cordeliers, qui, comme les autres du diocèse de Coutances, après avoir passé un long espace de temps dans la solitude, ainsi que ceux de Saint-Marcouf, et de

Chausey, sentit le besoin de s'établir en des lieux où il y avait peut-être moins de contemplation mais plus d'action.

Une autre de ces îles, qui n'était pas beaucoup plus grande que celle de Herm, vit dans des temps bien plus reculés l'établissement du missionnaire qui apporta l'Evangile dans les îles. Saint Magloire y vint dans la seconde moitié du VIe siècle, trente ans avant la mission de S. Augustin, en Angleterre. Cette mission a laissé des traces durables dans l'île de Serk. Le cartulaire de l'abbaye de Montebourg fournit des renseignements précieux sur un monument de S. Magloire, et de sa mission. Les détails sur la chapelle de S. Magloire, sur son couvent et sur son existence dans l'île de Serk, se rencontrent dans un grand nombre de chartes de Montebourg. Personne, à ma connaissance, ne s'en était occupé. Moi-même, en transcrivant le cartulaire de cette abbaye, j'avoue que j'eus de la peine à me persuader qu'elle pût contenir une chapelle à laquelle on donne souvent le nom d'Eglise, un couvent, un enclos de ce couvent, et surtout un moulin à eau, sur un rocher où je ne m'imaginais pas qu'il y eût un ruisseau suffisant pour alimenter un moulin à eau. Dans mes doutes, que je croyais bien fondés, j'avoue que je rapportais d'abord tout cela à l'île d'Aurigny, où il se trouve encore un moulin à eau. Mais tout en faisant des recherches à Aurigny, je ne perdais pas non plus de vue les obligations que le nom de Serk m'imposait. Après un long espace de temps , les renseignements que je reçus de Guernesey et de Serk furent tels qu'il me fut impossible de douter plus long-temps. Le moulin , situé tout-à-fait au bord de la mer, pouvait par cette raison avoir, sur les pentes des rochers, une chûte suffisante pour pouvoir être mis en mouvement par un faible ruisseau. Je remarquai d'ailleurs qu'on avait, pour économiser cette eau , pratiqué d'abord une , puis plusieurs écluses ou réservoirs, au moyen desquels on la faisait durer encore quelque temps après la saison des pluies. Le ministre actuel de l'île , et le *seigneur* m'ont d'ailleurs assuré que, dans les sécheresses de l'été, à peu près durant un quart de l'année, l'usine ne pouvait plus fonctionner; mais on y avait suppléé par des moulins à vent , dont l'origine remonte à peu près à la fondation de l'abbaye de Montebourg.

Je vais consacrer aujourd'hui mes recherches à l'établissement de S. Magloire dans les îles, au monument de cet établissement dans celle de Serk , et aux vicissitudes de la chapelle et du moulin.

Dans une aussi petite île, il n'est pas facile de se procurer des renseignements bien détaillés ; mais j'espère en fournir assez pour ne laisser aucun doute sur l'établissement de S. Magloire dans cette île, sur son couvent et sur une église qui a encore existé de nos jours,

La religion chrétienne avait été prêchée dans le pays occupé par le département de la Manche dès le temps de S. Martin qui vivait à la fin du IVe siècle. Nous avons dans ce pays une preuve durable des souvenirs que sa prédication y a laissés. Près du tiers de nos églises le reconnaissent comme patron. Dans la vie de S. Sever, qui vivait un peu plus d'un siècle après la mort de S. Martin, on voit que déjà plusieurs églises du pays étaient consacrées sous son vocable. Dans le midi du département, on en trouve aussi quelques unes, sous le nom de S. Brice, un de ses principaux disciples.

Quand S. Ereptiole, le premier évêque de Coutances, fonda son diocèse, il ne comprenait encore que l'archidiaconé de la ville épiscopale. Cet archidiaconé portait déjà et a toujours depuis porté le nom de *La Chrétienté.*

La presqu'île du Cotentin était encore idolâtre. Cette presqu'île, prolongation du *rivage Saxon* de Bayeux, fut évangelisée, sous le règne de Childebert, par S. Marcouf et ses compagnons, qui vinrent exprès de Bayeux dans un pays dont ils parlaient la langue, et qui y établirent le christianisme. Sainte-Mère-Église, alors une des principales bourgades de cette contrée, prit de là son nom de *matrix ecclesia,* par la même raison que l'archidiaconé de Coutances avait pris celui de la *chrétienté.*

Le chef de la mission s'était établi avec ses compagnons à un lieu nommé Nant. Ce fut de là qu'il dépêcha l'un des siens à l'île de Jersey, qui alors, comme depuis, faisait partie du diocèse de Coutances. Les biographes de S. Marcouf et de S. Hélier, qui nous ont donné les détails de cette expédition transmarine, ont mêlé leurs récits de tant de légendes, que le lecteur le plus patient a de la peine à tirer quelque profit de leurs écrits. Ce qu'il y a de plus certain, c'est que S. Hélier fut envoyé dans l'île, qu'il y mena une vie édifiante pendant plusieurs années, et qu'il y fut massacré par des Pirates du nord de l'Allemagne, dont les incursions remontaient jusqu'au temps de l'empire romain, et sont rapportées par nos plus anciens historiens sous le règne d'un des parents de Childebert. Les légendaires nous disent seulement qu'il s'y retirait dans le creux d'un rocher, et qu'il y jeûnait au point de devenir méconnaissable même à ses compagnons. Il est permis de croire qu'il ne borna pas là l'œuvre de sa mission, et qu'avec la prière et les austérités, il s'occupa activement des travaux de son apostolat. — Un trait qui peut ajouter à la bonne opinion que nous avons de S. Hélier, c'est que depuis la prétendue réforme du XVIe siècle, sa mémoire a continué à être en vénération dans l'île, dont la ville principale porte son nom, et que les légendaires, même protestants, montrent encore avec respect, près du château Elisabeth, le lieu qu'il habitait, ce lieu qui fut consacré par une abbaye de son nom, fondée dans le XIIe siècle et réunie à celle de Cherbourg.

Peu de temps après la mort de S. Hélier, l'île de Jersey, qu'il avait préparée à recevoir la semence évangélique, fut visitée par un autre missionnaire venu des côtes de la Bretagne voisines de Jersey. Le seigneur de l'île, auquel les hagiographes donnent le nom de Loiescon, avait été guéri par S. Magloire, parent de S. Sanson, autre missionnaire du pays de Galles, reconnu plus particulièrement à Guernesey comme le premier apôtre de cette île. Avec le consentement du comte Loiescon, Magloire entreprit la conquête spirituelle des îles de l'archipel du Cotentin. Il s'embarqua sur les côtes de la Bretagne les plus rapprochées de Jersey, passa près de cette île sans s'y arrêter, et alla fixer son quartier général sur l'île de Serk, rocher d'un accès difficile, probablement inhabité, et s'y établit avec 62 compagnons, parmi lesquels il avait vraisemblablement les ouvriers nécessaires pour y construire un oratoire et des cellules. Ce fut de là qu'il détacha des ouvriers évangéliques pour prêcher, instruire et convertir les habitants des îles voisines. Son nom a de tout temps été connu dans ces îles. Il existe encore des chapelles sous son invocation dans les trois principales. Ce nom y est un peu dénaturé. A Jersey, son petit monastère s'appelait et s'appelle encore S. Mannelier ; à Guernesey, la chapelle de S. Magloire était plus connue sous le nom de S. Mallier, ou de S. Mallière, et à Aurigny sous le nom de S. Magloire, nom qu'a conservé sans altération l'île de Serk, où était son quartier général, et où, jusqu'au siècle actuel, l'église paroissiale a invariablement été connue sous le nom de S. Magloire.

Après quelques années de travaux évangéliques, ce saint missionnaire mourut dans l'île de Serk. Ses biographes nous apprennent que son corps fut transféré à Jersey; quelques siècles plus tard, pour éviter la profanation des pirates du Nord, on le transporta au prieuré de Lehon (arrondissement de Dinan), et, comme ce lieu était encore très-exposé aux ravages des Normands, le corps subit une troisième translation, et fut apporté à Paris, lieu où l'on pouvait se défendre avec succès contre les pirates. On trouve encore à Paris, une rue S. Magloire; l'église de ce nom a subsisté jusqu'à ces derniers temps. Elle appartenait à une maison religieuse dont le cartulaire très-bien conservé est à la Bibliothèque du Roi.

La mission de S. Magloire dans nos îles ne paraît pas avoir éprouvé de grandes difficultés. La translation de son corps au prieuré de S. Mannelier se fit tranquillement. Il n'avait pas vécu long-temps dans les îles; mais ses disciples lui survécurent, et continuèrent à cultiver le champ qu'il avait si heureusement défriché. Ils furent assistés par la présence et le long séjour du métropolitain des îles et de toute la Normandie. Prétextat, archevêque de Rouen, victime de la haine de Frédégonde, fut exilé à Jersey. Les historiens, et particulièrement Grégoire de Tours, auteur contemporain, regardé comme le père de l'histoire de France, nous apprennent qu'il y eut de grands rapports avec S. Romphaire, évêque de Coutances, dans le diocèse duquel il s'embarquait, comme on le fait encore aujourd'hui, aux ports les plus voisins de Jersey, Portbail, Carteret et S. Germain-sur-Ay. A la fin de son exil, S. Prétextat traversa une dernière fois le diocèse de son suffragant, pour retourner à Rouen, où tout le monde sait comme Frédégonde le fit assassiner. Grégoire de Tours nous apprend que S. Romphaire lui rendit les derniers devoirs. — On peut bien penser que la présence du saint archevêque contribua beaucoup à mettre la dernière main à la conversion des îles, commencée par S. Hélier, et si heureusement continuée par S. Magloire et ses compagnons.

Après la mort de Prétextat, les historiens extrêmement rares et très-courts, les auteurs de quelques vies de saints, les chroniqueurs de Fontenelle, disent en passant quelques mots insignifiants sur l'île de Jersey, à laquelle ils donnent un nom différent de celui que l'on connaissait auparavant. Ce nom (*Augia*, *Angia*, *Agna*), qui répond à peu près à celui d'une de nos paroisses *Angey*, ou à ceux d'*Aucey*, et d'*Agen*, signifie comme celui de *Gersey*, ou de *Gery*, *habitation sur l'eau*. Le nom de *Cesarea* qui se trouve dans un itinéraire romain, fut imposé pendant un temps par la flatterie, mais le véritable nom est *Gersey*, ou *Gery*, qu'elle porte encore aujourd'hui.

Sous les règnes des derniers Mérovingiens, il ne se trouve rien de nos îles. Sous celui de Charlemagne, ce qu'on en dit n'a pas de rapport avec la mission de S. Magloire, ou avec l'état de la religion dans les îles. Au temps de la dynastie des Carlovingiens, les Pirates du Nord, qui ravagèrent impitoyablement toutes les côtes de la Manche et de l'Océan, et qui rencontrèrent nos petites îles sur leur chemin, y abordaient sans opposition. Les chroniques Saxonnes nous apprennent qu'ils avaient une grande prédilection pour les petites îles, où ils pouvaient sans inquiétude déposer leurs malades, leurs prisonniers, leur butin et leurs approvisionnements de toute espèce. Mais ils songeaient fort peu à transmettre leurs exploits à la postérité. Aucun historien n'a parlé de leur séjour dans les îles. La seule trace qui nous en reste se tire du changement des noms de presque toutes les plus petites de ces îles. Ces noms sont évidemment tirés de la langue du nord de l'Allemagne. Parmi ces noms, celui d'*Alderney*, substitué à celui d'*Aureney* ou d'*Orsy*, signifie *Île des Anciens*, comme *Auderville*, sur la côte opposée, signifie *habitation de l'Ancien.* — On peut remarquer que les noms des plus petites îles se terminent en *hou*, qui, en langue tudesque ou danoise (ce qui est la même chose), signifie *habitation*. Ainsi nous voyons entr'autres les noms de *Breckou*, *Jethou*, *Lihou*, *Burhou*. Mais pourquoi dira-t-on, ces terminaisons sont-elles affectées aux plus petites îles, tandis que les plus grandes, comme Guernesey ou Jersey, conservaient le leur ? C'est, suivant moi, justement parce que les grandes îles avaient conservé une population plus étendue, et que les Pirates se trouvaient plus à l'aise dans des lieux inhabités. A l'embouchure de la Seine, et particulièrement dans l'île ou presqu'île de Jumièges, on trouverait d'autres exemples de ces terminaisons en *hou*. Je me rappelle entre autres celle de *Koni-Hou*, qui, dans la langue du Nord, signifie *Maison du Roi*. Ce *Roi* pouvait bien être un roi de mer, ou un capitaine de vaisseau, ou tout simplement le nom d'un homme qui s'appelait *Le Roy*.

Dans la première moitié du X⁰ siècle, la Normandie, depuis long-temps occupée par les Pirates du Nord, leur fut cédée par un roi de France, qui ne pouvait la défendre. Une des conditions de cette cession fut que le chef des Pirates et ses soldats se feraient baptiser. Cette fois contre l'usage, Rol et ses compagnons se convertirent sincèrement. Les historiens parlent avec de grands éloges de leur ardeur à rétablir les églises qu'ils avaient détruites. Rol demanda même pendant la semaine de son baptême, quels étaient les lieux religieux pour lesquels les chrétiens avaient le plus de vénération. On lui désigna entr'autres le Mont-Saint-Michel.

Il y a lieu de croire que l'oratoire de S. Magloire dans

l'île de Serk, ne fut pas oublié; mais je ne puis rien affirmer à cet égard, sinon que dès la première moitié du XIIᵉ siècle, la famille de Vernon, descendue du fondateur de l'abbaye de Montebourg, donna cet oratoire aux religieux de ce monastère. Près d'une douzaine de chartes, depuis le règne d'Etienne de Blois, en 1136, jusqu'à celui de Richard-Cœur-de-Lion, en 1196, en font une mention expresse. Dans toutes, il est parlé de la Chapelle S. Magloire avec son enclos, (*capellam S. Maglorii cum clauso adjacente*), avec ses hôtes pèlerins ou commensaux (*cum hospitibus*), avec un second enclos, avec un moulin à eau, ayant d'abord une retenue d'eau ou réservoir (*cum exclusa*), et ensuite avec plusieurs écluses (*cum exclusis*) sur le ruisseau près de la mer, (*supra aquam fluentem juxta mare*). On y donnait le pâturage des bestiaux du couvent (*pasturam animalibus*). On exigeait qu'un moine de Montebourg desservît la chapelle, et, ce qui paraît surprenant dans les chartes de ce temps, on n'y voit jamais qu'un moine (*cum monacho*), auquel on donnait un revenu en argent, et pour se chauffer et préparer ses aliments, comme il n'y avait ni bois ni charbon dans l'île, on lui passait une certaine quantité d'étrain, d'une espèce de blé à son choix (*stramen unius bladä quodcunque elegerit*), ce qu'on expliquait quelquefois par *étrain d'avoine ou de froment* (*stramen, scilicet avene vel frumenti*). Voilà, on en conviendra, des détails tout-à-fait locaux; mais alors, on ne connaissait pas l'usage du varech séché au soleil durant l'été, et qui donne un feu beaucoup plus ardent, non seulement aux habitants de Serk, mais à ceux de la grande île de Jersey, où je me suis plus d'une fois réchauffé, il y a cinquante ans, au feu de varech.

J'ai cru devoir entrer dans quelques détails sur cette manière peu connue de se chauffer; mais plus encore pour prouver que le moulin de S. Magloire *en Serk*, ne pouvait pas être un moulin à vent, comme on a voulu me le faire croire. On n'établit pas des réservoirs et des écluses pour un moulin à vent. On ne le bâtit pas à bord d'un ruisseau, qui descend rapidement sur la mer (*fluentem juxta mare*). J'ajouterai que le *Port du moulin* existe encore aujourd'hui à l'embouchure même de ce ruisseau, et que, sur la déclaration du seigneur et du curé, les noms de *l'Écluse* et des *Réservoirs* subsistent encore; que ces réservoirs servent même à nourrir du poisson d'eau douce dans une île où le poisson de mer afflue de tous côtés. Chacune de ces circonstances est rapportée dans les chartes de Montebourg, pour le prieuré de S. Magloire, qui y porte parfois le nom d'*Église* (*ecclesia*) mais plus communément celui de *capella*, chapelle. Dans la charte de 1196, il est parlé d'un oratoire de S. Eustache, que je présume avoir été un autel particulier dans la chapelle de S. Magloire. Cet oratoire a aussi une dotation destinée en majeure partie à y entretenir un luminaire.

Après le temps de Richard-Cœur-de-Lion, son frère Jean ne tarda pas à perdre la Normandie ; mais les îles, garanties par la mer, et assurées à l'Angleterre par les privilèges inouïs dont elles ont joui depuis ce temps, paraissent avoir continué à pratiquer leur culte religieux. Dans un acte que Pierre de Préaux (*de Pratellis*) fit en 1203, époque où le roi Jean n'avait pas encore abandonné la Normandie, il fonda dans une île beaucoup plus petite que celle de Serk, une chapelle où un moine de l'abbaye du Val-Richer (devenue aujourd'hui la propriété de M. Guizot, ministre des relations extérieures), devait dire la messe tous les jours (*singulis diebus*) pour *l'illustre roi Jean qui lui avait donné les îles (qui insulas michi dedit)*. Il est probable que l'église de S. Magloire ne fut pas non plus négligée, quoique cessant d'appartenir à la famille de Vernon. Car je vois que cette famille resta attachée à la France.

Un demi-siècle après cette révolution, un archevêque de Rouen, Odon Rigault, fit la visite des monastères de sa province ecclésiastique. Nous avons les détails de cette visite. Il était à Montebourg le premier septembre ; il y trouva 37 moines, et 4 prieurés ; parmi ces prieurés, celui des îles n'avait qu'un moine. C'était une irrégularité. Il devait toujours y en avoir 2 au moins dans chaque église desservie par des religieux. L'archevêque donna l'ordre de lui adjoindre un compagnon ou de le rappeler. (*Ordinavimus ut detur ei socius vel revocetur*).

M. de Caumont, qui a édité la visite où se trouve le détail que je viens de rapporter, est embarrassé, ainsi que le dernier historien des évêques de Coutances, pour trouver le lieu de ce prieuré. Ces messieurs ne paraissent pas avoir connu le cartulaire de Montebourg. Ils y auraient vu que le prieuré de S. Magloire en Serk était le seul que cette abbaye possédât dans les îles, où il est remarquable qu'elle n'eut jamais d'autre bénéfice.

S'il pouvait encore rester quelque doute sur la position de ce prieuré, toute incertitude serait levée, par une note tirée de l'Echiquier d'Angleterre (*from the remembrancer's office of the Exchequer*). Cette note qui est à peu près de l'année 1338 prouve qu'il y avait alors guerre entre la France et l'Angleterre. C'était l'usage durant les guerres que les prieurés, appartenant à l'une des parties belligérantes, fussent séquestrés ; mais, comme durant le séquestre, il fallait bien que les religieux vécussent, on leur accordait une pension alimentaire. Or, la note de l'Echiquier dit en toutes lettres il faut payer cette pension *conventui S. Maglorii in insula sargiensi*. Le nom d'*insula sargiensis* est le même qu'on donnait à l'île de Serk, au temps où le corps de S. Magloire fut transféré à S. Mannelier de Jersey : *translatum ex insula sargiensi*.

Henri V, un des successeurs d'Edouard III, ne se contenta pas de séquestrer les prieurés étrangers ; il le confisqua entièrement. De ce moment, les moines de Montebourg cessèrent d'habiter l'île de Serk ; l'église de S. Magloire fut desservie par un prêtre séculier, venu d'Angleterre ou de Guernesey.

Depuis ce temps jusqu'au milieu du XVIe siècle, il n'est plus parlé de l'église de S. Magloire ; l'île de Serk fut occupée momentanément par les Français. Elle est tellement inaccessible, qu'il était impossible de les en déloger. Mais la garnison, qui s'y ennuyait, déser'a successivement, et, même dans leur état de faiblesse et de dénuement, le peu de Français, qui y restaient, pouvaient encore braver toutes les attaques. Mais un capitaine flamand, sujet de Philippe et de Marie reine d'Angleterre, sous prétexte d'une grande dévotion, demanda à faire un pèlerinage à la chapelle de S. Magloire. Il y fut admis sans soupçon, et s'en empara par surprise. L'exécution de ce plan n'est pas de mon sujet. Tout ce que je veux en conclure, c'est que la chapelle de S. Magloire était encore en vénération.

En 1563, la reine Elisabeth, qui avait succédé à sa sœur Marie, voulut trouver un homme capable de cultiver l'île et de la défendre. Elle jeta les yeux sur Hélier de Carteret, seigneur de S. Ouen, à Jersey, qui, à beaucoup de courage, réunissait une fortune considérable, et une rare persévérance. Il fut secondé dans son entreprise par sa femme, dont le cœur et la patience étaient dignes de la sienne. Avec une colonie agricole, ils vinrent s'établir à l'île de Serk, justement mille ans après la colonie religieuse de S. Magloire.

Les détails de cette expédition nous ont été transmis en 1585 par le fils même de celui qui l'entreprit; il nous en a donné un récit très-animé et très-intéressant. Dans toutes les histoires que nous avons des îles, nous n'avons rien qu'on puisse comparer au récit que donne Philippe de Carteret de l'établissement de son père ou de son aïeul. Ce récit, très-original, porte le sceau de la vérité et de *l'actualité*; les détails y sont donnés par un témoin oculaire, parfaitement rempli de son sujet. On voit que c'est un enfant de la maison, qui raconte avec tout l'intérêt de la famille, ce qu'il a constamment vu depuis son berceau, jusqu'à un âge assez avancé, où il était devenu lui-même le propriétaire héritier des travaux de son père, et de *Madame sa mère*, dont il aurait pu dire aussi:

Quorum pars magna fui.

Au moment où Hélier de Carteret prenait possession de son nouveau domaine, il doutait qu'il pût y croître du blé, et il y fit une culture d'essai sur un petit champ. Le succès le plus complet couronna son entreprise. Dès le temps de Philippe de Carteret, vingt ans après l'établissement d'Hélier, l'île était déjà partagée en quarante divisions, à la tête de chacune desquelles on avait mis les colons venus de toutes les terres voisines pour en obtenir des concessions du Seigneur fieffermier de la couronne. Depuis ce temps, la prospérité agricole de l'île a toujours pris de grands développements. Hélier de Carteret l'avait trouvée inculte et déserte. Aujourd'hui elle contient plus de huit cents habitants. Sa nouvelle église, bâtie en 1822, à la place de la chapelle S. Magloire, ne peut plus contenir sa population toujours croissante. Une chapelle de méthodistes, qui sont venus s'y établir depuis ce temps, et qui peut contenir trois cents habitants, n'est pas un supplément suffisant pour l'excédent de la population. Le blé et les racines recueillies par les cultivateurs actuels, surpassent tellement les besoins des habitants, qu'on est obligé d'en exporter tous les ans une grande quantité.

En terminant ce tableau des avantages que l'île de Serk a tirés de la bonne et persévérante administration des Carteret, je crois devoir redire quel était l'état de l'île en 1565 quand ils y arrivèrent. D'après le récit d'une personne de cette famille, dont il a été dernièrement question, je vois qu'alors l'île était inhabitée. Ils purent à peine y trouver un abri sous les voûtes de la chapelle, (1) et furent obligés de relever quelques bâtiments qu'ils *couvrirent de fougères*, afin de pouvoir s'y

---

(1) Il est remarquable que la narration de Philippe de Carteret parle POSITIVEMENT d'une chapelle A VOUTE, quand tout le monde sait que, dans les parties les plus florissantes de la Normandie et de l'Angleterre, les chapelles voûtées sont extrêmement rares.

garantir des injures de l'air durant l'hiver qui s'approchait. On a vu que leurs efforts furent couronnés du succès.

Il ne sera pas inutile de jeter un regard en arrière sur l'état de l'île de Serk, antérieur à cette occupation. — Nous avons vu que, dans le XIIe siècle, il y avait dans l'île une chapelle ou église de S. Magloire, avec un oratoire de S. Eustache, deux enclos pour le prieuré, le pâturage des bestiaux du couvent, dans toute l'île. Alors les Vernon y avaient un prévôt, chargé d'administrer leurs domaines, et un homme pour apporter les récoltes à la grange du seigneur. Cet homme porte, dans les chartes, le nom d'*Obschar*, nom que je n'avais jamais rencontré, et qui signifie un homme chargé moyennant rétribution du transport des récoltes du propriétaire suzerain. J'ai trouvé que les Vernon y possédaient encore une terre de la Hannière (*de Hanneria*), et une terre des Fossés (*de Fossetis*) avec une saline de Bevelande (*salinam de Bevelanda*), dont il ne reste aujourd'hui aucune trace, parceque l'action de la mer est dévorante dans une île où elle est incessamment en lutte contre les rochers inaccessibles qui l'entourent.

Dans le siècle qui suivit, et qui vit la séparation de la Normandie d'avec les îles, un évêque de Coutances fit faire le recensement des églises de son diocèse. Celle de Serk était la douzième du doyenné de Guernesey.

Elle avait des dîmes dont une portion revenait à l'évêque d'Avranches, et une autre portion, avec le casuel de l'église, appartenait à la cure de la paroisse. D'après l'évaluation de ce que la dîme rapportait à l'évêque d'Avranches, et de ce qui revenait au curé, pour sa part de la dîme et pour les droits de l'intérieur de son église, on peut se faire une juste idée de l'état de la culture et de la population de l'île au milieu du XIII° siècle. Cette comparaison est nécessaire à ceux qui veulent étudier les fluctuations agricoles et statistiques de l'île aux différentes époques.

A peu près dans le même temps où un évêque de Coutances faisait une enquête sur la valeur des cures de son diocèse, un archevêque de Rouen faisait en personne la visite des monastères de sa province. Nous avons eu il y a quelques années la relation d'une partie de ce voyage, donnée par M. de Caumont, d'après un extrait pris à la hâte à la Bibliothèque Royale. Depuis ce temps nous en avons un récit beaucoup plus complet, publié par M. Bonnin, d'Evreux. En attendant cet ouvrage, que je compte me procurer aussitôt que je serai certain de sa publication, j'ai fourni une indication d'après le fragment édité par M. de Caumont. Nous y avons vu ce qu'Odon Rigault ordonna relativement au prieuré de Serk. Il y aurait même lieu de croire que, d'après ses ordres, il y eut dans la suite deux moines, puisque la chapelle de S. Magloire y prend le titre de couvent. C'est sous ce nom que, dans le siècle suivant, Edouard III donne une pension *conventui S. Maglorii.* — Encore un siècle plus tard, Henri V avait confisqué le prieuré, et n'avait laissé qu'un desservant séculier, pour la paroisse de Serk. Ce fut dans cet état qu'arriva le dépérissement et la dépopulation entière de l'île de Serk, jusqu'au moment où la famille de Carteret y rapporta une nouvelle vie, et une prospérité agricole telle que probablement cette île n'en avait jamais vu.

Avant de terminer ce résumé de l'histoire d'un aussi petit rocher, dont la mission de S. Magloire forme la principale illustration, j'ai cru devoir donner une récapitulation rapide des principaux événements, que j'ai pu recueillir dans le cours des recherches que j'ai faites sur la mission de ceux qui sont venus apporter le christianisme dans les îles du Cotentin, sur le mémorial de cette mission, et sur l'histoire bien décousue d'un lieu où la nature du terrain et son étendue ne permet pas de chercher des événements bien mémorables et bien nombreux.

Dans la seconde moitié du VIe siècle, S. Magloire, venant évangéliser les îles avec ses 62 compagnons, établit son quartier-général dans l'île de Serk. Il avait été précédé à Jersey et à Guernesey par S. Samson, S. Marcouf et S. Hélier. Après sa mort il y fut suivi par S. Préfextat, métropolitain de Rouen, qui, durant un long exil à l'île de Jersey, compléta l'œuvre de ces missionnaires. Bientôt après, les îles furent occupées par les Pirates du Nord, qui n'ont rien laissé à dire aux historiens. Leur présence y est seulement un peu indiquée par les noms des petites îles de ce groupe. Ces Pirates étaient payens ; ils embrassèrent le christianisme au Xᵉ siècle. Dans le siècle suivant, les chartes de Montebourg nous révèlent l'existence d'un monument de la mission de S. Magloire dans l'île de Serk. Pendant un espace de 60 ans, nous avons, dans le cartulaire de cette abbaye, une dizaine de chartes assez détaillées, relatives à la chapelle de S. Magloire dans l'île de Serk.

Au moment où fut donnée la dernière de ces chartes, la Normandie allait repasser sur la domination française. Les îles du Cotentin en furent séparées, et sont restées depuis ce temps attachées à l'Angleterre. Mais au spirituel, les évêques de Coutances et même l'archevêque de Rouen y ont exercé leur juridiction. Nous avons vu que les évêques de Coutances ont encore fait acte de cette juridiction en 1792. Mais cette juridiction ne s'est exercée que sur les deux grandes îles de Jersey et de Guernesey. Ces deux îles ont eu plusieurs historiens. Pour ce qui regarde le moyen-âge, elles sont extrêmement dépourvues de renseignements. Les cartulaires du département de la Manche, que j'ai copiés, m'ont fourni les moyens de combler bien des lacunes laissées par les historiens. J'ai formé un répertoire des actes qui concernent ces îles, depuis les donations du duc Robert et de Guillaume-le-Conquérant, son fils, à différentes abbayes, et particulièrement des îles d'Aurigny, de Serk, de Jersey, et surtout de Guernesey, aux abbayes du Mont-Saint-Michel, et de Marmoutier, jusqu'à la réformation. Je tiens ces chartes à la disposition des administrations de ces îles, auxquelles je suis prêt à en faire la communication. Ce n'est pas ici le lieu de donner les détails de mon répertoire. Mais je l'ai mis assez en ordre pour qu'on puisse y trouver facilement ce qu'on aura à y chercher. Je possède une lettre, écrite en 1767, aux religieux du Mont-Saint-Michel, par M. Th. Le Marchant, un des plus notables et des plus savants habitants de Guernesey, dans laquelle il leur demande la communication des documents qui concernent les îles. Cette lettre ne reçut aucune réponse. A cette époque, les religieux de nos monastères provinciaux s'occupaient fort peu de l'histoire de leurs maisons. Aujourd'hui mon recueil contient une grande partie des renseignements que possédaient ces monastères. Les cartulaires que j'ai transcrits, les communications continuelles qui me sont faites par l'archiviste du département, dépositaire de tous les titres des abbayes, la copie de ceux qui ont été envoyés à la commission des archives d'Angleterre, m'ont mis en état d'offrir, sur le moyen-âge des îles, le recueil le plus complet qui ait probablement existé;

mais qui, je l'espère, recevra dans la suite de nouveaux accroissements.

ADDITIONS.

En donnant mes détails sur le monument de S. Magloire dans l'île de Serk, j'ai parlé des témoignages écrits qui nous restent sur la chapelle et le couvent de S. Magloire ; sur le moulin à eau et sur ses écluses. Il existe dans l'île d'autres souvenirs de ces monuments qui sont connus de tous les habitants, et que personne n'y a jamais pensé à rattacher à l'antiquité. Tout le monde connaît la *Moinerie* ou l'habitation des moines. Cette moinerie est même le nom d'une des subdivisions de l'île, ou d'une des fermes sur lesquelles le seigneur touche un revenu annuel. Tout le monde y connaît l'emplacement du moulin, au bord du seul ruisseau de l'île, où il y a bien faiblement assez d'eau pour mettre un moulin en mouvement. Cet emplacement est sur un lieu escarpé, où la hauteur de la chûte d'eau était d'une grande assistance. Je me rappelle aussi d'avoir omis de faire mention du moulin à eau qui fut rétabli en 1567 par Hélier de Carteret, à une époque où il y avait plusieurs moulins à vent. A l'endroit où l'eau de ce ruisseau arrive à la mer, se trouve encore le *port du moulin.* Le nom de ce port est encore un souvenir durable. M. Lepelley, seigneur actuel, m'a dit aussi que plusieurs terrains voisins du même ruisseau s'appellent *les écluses.* Voilà des monuments qui dureront encore bien des siècles, et qui auront toujours une grande valeur aux yeux d'un observateur attentif, dans un lieu où il faut souvent de grands efforts pour retrouver les traces de ce qui y a existé.

J'ai cru aussi ne pas pouvoir terminer cet article, sans parler d'un saint qu'on a quelquefois confondu avec l'île de Serk et de Herm, et qui n'appartient ni à l'une ni à l'autre. C'est S. Vignal, suivant l'ancien manuscrit du Livre Noir, et S. Gugnal ou Cugnal suivant un manuscrit postérieur du Livre Noir, qui paraît remonter à l'an 1349. Dans le Livre Noir, le nom de ce saint appartient évidemment à l'onzième numéro des paroisses du doyenné de Guernesey; le numéro 12 y porte dans les deux manuscrits en toutes lettres *Ecclesia de Serco*, qu'il est impossible de ne pas traduire par l'*église de Serk*. Mais qu'était-ce que S. Vignal, dont personne dans les îles n'avait entendu parler ? S. Anne est aujourd'hui la patronne de l'église d'Auriguy. A quelle époque a eu lieu cette substitution ? Voilà ce qui m'est impossible de préciser. Si je pouvais me permettre une conjecture, je ne serais pas éloigné de rapporter cette introduction à l'époque de la réformation, où le nom bas-breton a pu être confondu avec l'ignorance et la superstition. De nouvelles lumières pourraient me faire abandonner cette conjecture, que j'ose à peine hazarder.

C'est dans l'*Art de vérifier les dates* que je crois avoir trouvé une indication suffisante de S. Vignal, dont le nom subit, dans l'article de cet ouvrage, au Catalogue des Saints du moyen-âge, la même altération que dans le Livre Noir. On y dit quelquefois *Vignal* par un V ou W, quelquefois *Vinealis*, nom qui se rapproche un peu plus du latin, plus souvent encore *Guignealis*, ou *Gu-nealis*, et enfin en français *Gueneau*. Ce saint était, suivant cet ouvrage, second abbé du monastère de Landevennec (Finistère), successeur de S. Guingaloc, dont le nom encore plus bas-breton s'est constamment refusé au re-polissage de la langue latine. Le second abbé de Lande-vennec était contemporain de S. Magloire. Comme celui-ci, il quitta son monastère pour s'attacher à la mission des îles, où il mourut peu de temps après son chef. En qualité d'abbé, il n'est pas étonnant qu'il ait été un des premiers lieutenants de S. Magloire. Je soupçonne qu'il a été chargé d'évangéliser l'île d'Aurigny, où son nom est resté en vénération, comme celui de S. Hélier à Jer-sey, celui de S. Marcouf dans le Cotentin, et plus par-ticulièrement celui de S. Magloire à Serk. L'exemple est tout-à-fait identique. On voit que le nom de S. Vi-gnal existait encore à Aurigny au milieu du XIVe siècle. Nous en avons une preuve authentique dans le second manuscrit du Livre Noir. Peut-être que de nouveaux renseignements me fourniront le moyen de fixer cette époque d'une manière précise. En attendant, il est tout

simple que les anciens habitants d'Aurigny aient conservé long-temps la mémoire de celui qui délivra leurs pères
des ténèbres de l'idolâtrie. Ils auraient pu dire, comme
le disait à Enée le roi Evandre, en parlant de celui qui
avait délivré la vieille Italie des brigandages de Cacus :

> *Sœvis, hospes Trojane, periclis*
> *Erepti, facimus meritos que vocamus honores.*

PIÈCES JUSTIFICATIVES.

N° I.

La charte suivante est, pour l'île de Serk, suivant l'ordre des dates, la dernière du cartulaire de Montebourg; je la donne ici textuellement comme je l'y ai trouvée, après l'avoir collationnée avec la charte originale, qui se trouve aux archives du département, et qui m'a été communiquée par M. Dubost, archiviste, revêtue de son sceau, dont je copie la légende. Mais ce qu'il y a de plus important, c'est que l'écu de Richard de Vernon y porte le blason de sa famille très-bien marqué. A ces avantages, la charte de 1196 réunit celui de résumer à peu près toutes les circonstances les plus importantes qui se trouvent disséminées dans plusieurs autres chartes de la même famille, données antérieusement depuis l'époque de la consécration de l'église abbatiale de Montebourg en 1152. Quand quelqu'une de ces circonstances, omises dans la charte de 1196, paraîtra assez importante pour être mentionnée particulièrement, je la donnerai en forme de note, en indiquant simplement le numéro ou la page du cartulaire. Plusieurs de ces actes sont sans date, ce qui était très-commun dans la seconde

moitié du XIIe siècle. Voilà pourquoi, faute de date,
je suis obligé de ne les distinguer que par la page ou le
numéro du cartulaire. Je soulignerai ce qui me sem-
blera le plus remarquable. — La charte de 1196 est la
207e du cartulaire ; elle se trouve à la page 505 de
mon Recueil. — Je crois devoir prévenir que pour la
commodité du lecteur, je copie sans abréviations, et
avec notre orthographe usuelle.

Carta Ricardi de Vernone.

Notum sit omnibus præsentibus et futuris quod ego
Ricardus (1) de Vernone concessi, et præsenti carta
confirmavi, abbatiæ Sanctæ Mariæ Montisburgi (2) locum
S. Maglorii qui est in Serco insula, cum omni clauso,
et sedem molendini, quod fuit S. Maglorii, ubicunque
poterit convenientius et commodius poni in dominico
meo, cum exclusis (3) et stramen (4) unius bladii, vide-
licet avenæ ad focum monachi qui ibi habitabit. Dedi
præterea eidem loco S. Maglorii, et monacho Montisburgi in eodem deo servienti, in perpetuam elemosinam,
pro amore dei, et salute animæ meæ, triginta solidos
andegavenses ; et insuper, ad luminare S. Eustachii, de-
cem solidos andegavenses, ita ut monachus prædicti loci
annuatim illos denarios ad festum S. Christophori in eadem insula per manum ministri mei omnes simul reci-
piat, de quatuor libris andegavensibus, quas in eadem
insula de redditu habebam, et insuper terram de Fos-

setis , et de Hennaria, quam homines mei mihi jurave-
runt esse de dominico meo, et obschar (5) de omnibus
portagiis segetum mearum deo et S. Eustachio et S. Ma-
glorio in perpetuam elemosinam dedi (6). Actum fuit hoc
anno incarnati verbi millesimo centesimo nonagesimo
sexto, in eadem insula, in capella S. Maglorii, coram
me. Ut autem ista elemosina in perpetuum fideliter te-
neatur præsentem cartam sigillo meo confirmavi. Testibus istis, Petro de Oglandris, Ricardo de Osouvilla,
Willelmo clerico et pluribus aliis.

A cette charte est appendu un sceau. Il représente un
cavalier portant un écu chargé d'un sautoir. L'on sait que
ce sont les armes de la famille Vernon, à laquelle appartenait Matilde, femme du fondateur de Blanchelande.
— Notre sceau a pour légende : † SIGIL. V. RICARDI
DE...NONE.

---

(1) La charte n° 205 prouve que ce Richard était le
fils d'un Guillaume, qui avait fait à peu près une même
donation : Ego, Ric. de Vernone.....confirmavi donatio-
nem quam Willelmus de Vernone pater meus fecit........

(2) La charte n° 204, donnée par un Guillaume de
Vernon, à une époque plus ancienne, porte : ecclesiam
S. Maglorii in Serch , et omme clausum , com omnibus

hospitibus in eodem manentibus, et duas acras terræ, quæ sunt extra clausum de dominio meo, cum hospite in eis manente. — La charte n° 203, donnée aussi par un Guillaume de Vernon, s'exprime absolument dans les mêmes termes. Seulement au lieu de *ecclesiam S. Maglorii* on y lit : *Capellam S. Maglorii.*

(3) Voici les termes un peu différents dont se servent les chartes n°ˢ 203 et 204 au sujet du moulin, savoir le n° 204 : concedo eis sedem molendini S. Maglorii in Serch cum exclusa, ut faciant ibidem molendinum suum, quando voluerint, monachi. — Le n° 203 encore plus explicite porte : Sedem molendini quod fuit S. Maglorii ubicumque illud ponere voluerint super aquam usque ad mare in dominico meo cum exclusis, si plures forte necessariæ fuerint.

(4) J'ai rendu le mot *stramen* par *étrain*, dont je n'aurais pas besoin de donner d'explication à mes compatriotes de la campagne, et aux habitants des îles du Cotentin. Je ne connais pas de mot mieux calqué sur le latin, et je trouve très-blâmables les prétendus savants français, qui ont cru devoir le supprimer sans le remplacer. Toutes les langues de l'Europe ont deux mots pour traduire *stramen* et *palea*. Nous seuls, nous nous sommes appauvris en pure perte. C'est ainsi que nous avons abandonné sans remplacement un mot consacré par le premier des fabulistes.

Deux parts en fit dont il *soulait* passer

L'une à dormir et l'autre à ne rien faire.

— La charte n° 203 dit : stramen unius bladii mei avenæ scilicet vel alterius, si ei magis placuerit ; et le n° 205 : cum stramine unius bladii, scilicet frumenti.

— On sait que l'avoine et le froment sont les deux espèces de blés dont la paille offre le plus de résistance au feu. Mais cela ne vaut pas le varech que l'on brûle aujourd'hui.

(5) Aux donations spécifiées dans cette charte, le n° 203 ajoute : pasturam omnibus animalibus suis in dominicis meis et in omni insula liberam et quietam.

(6) Ce nom *(obschar)* que j'ai trouvé seulement dans le Glossaire de Ducange signifie un homme chargé, moyennant une rétribution, de porter les récoltes à la grange seigneuriale.

Ce qui concerne la saline de Bevelande est indiqué dans une charte de Robert de Barneville qui donne à l'abbaye de Montebourg : Viginti solidos de centum solidis quos habeo a domino Willelmo de Vernone in Serco insula in feudum, et unam salinam in Bevelanda.

N° II.

Au moment où je fournis des renseignements sur une des plus petites îles Anglo-Normandes, j'ai cru pouvoir rappeler ce qu'on lit dans le XI volume de *Gallia Christiana* sur une de ces îles qui, en 1203, était assez considérable pour renfermer une église où l'on devait dire la messe tous les jours ; qui, en 1337, avait encore une chapelle le Notre-Dame assez importante pour que l'abbaye du Val-Richer la fît desservir par deux moines ; qui, en 1687, offrait encore les ruines de cette chapelle ; et qui, aujourd'hui, n'a plus que son ancien nom donné à des rochers incultes et inhabités. Le reste a été englouti par la mer

(Ex Gall. Christ., t. XI, inter Instrum. Ecc. Bajoc., col. 94.)

Universis sanctæ matris ecclesiæ filiis ad quos præsens scriptum pervenerit, Petrus de Pratel in Domino salutem. Noverit universitas vestra me divinæ pietatis intuitu concessisse et dedisse, et præsenti charta mea confirmasse Deo et ecclesiæ sanctæ Mariæ de Valle-Richerii, et monachis ibidem Deo servientibus, pro salute animæ Johannis illustris regis Angliæ, qui insulas mihi dedit, et pro salute animæ meæ, et patris et matris meæ, et omnium antecessorum meorum, insulam de Escrehou integre, ad ædificandam ibidem basilicam in honore Dei et beatæ Mariæ, ita ut divina ibidem celebrentur mysteria singulis diebus, habendam et possidendam libere et quiete, plenarie et honorifice, in liberam et puram et perpetuam eleemosynam, et quidquid in eadem insula poterunt augmentare et ædificare. Item concessi prædictis monachis quidquid, ab hominibus meis de Gersy, et de Gernese, et de Aurene, eis caritatis intuitu rationabiliter datum fuerit, salvo jure meo. Ut autem hæc mea donatio ratam futuris temporibus obtineat firmitatem, eam præsenti scripto et sigilli mei munimine confirmavi, his testibus, Engeranno de Prætel fratre meo, Roberto de Freschen, Hugone Croc, Gilleberto de Ovill, militibus, Villelmo Capellano, Richardo clerico, Nicolao de Mara, Will. Cornuele, Villelmo clerico de camera, et pluribus aliis, anno Verbi Incarnati 1203.

(Ibid., col. 447, inter abbates Vallis-Richerii.)

Gabriel...... abbas Vallis-Richerii, duos monachos misit anno 1337 die Jovis ante Dominicam Palmarum, ad conservandam et regendam capellam beatæ Mariæ d'Escrehou.

La carte du diocèse de Coutances, publiée par Mariette, en 1687, représente, parmi les Rochers-d'Ecrehou, la *Maître Isle*, sur laquelle il marque une chapelle ruinée. — On peut bien croire que, depuis 150 ans, la mer n'a pas cessé son action sur les côtes de cette petite île.

N° III.

Au moment où nous nous occupons des plus petites

lles , je crois pouvoir donner ce qui a rapport au couvent des cordeliers dans celle de Herm , quand ils la quittèrent pour s'établir à Guernesey, où ils restèrent jusqu'au temps de la reine Elisabeth. — Cette charte est tirée du cartulaire de Cherbourg , et l'archiviste m'en a depuis communiqué l'original.

Noverint universi quod nos fratres ordinis minorum , in insula de Herm Constantiensis diocesis prope Guerneseum, sub decreto sacri concilii Constantiensis, degentes , renunciavimus renunciamusque omnino juri possessionis , proprietatis vel perpetuitatis dictæ insulæ , nec intendimus in præjudicium seu damnum venerabilium dominorum abbatis et conventus de Chierbourc ordinis S. Augustini ibidem manere, salvis tamen ædificiis per nos seu fratres *nostros* inibi factis, si contingeret nos ab illa insula quovis modo repelli seu amoveri. Datum sub sigillo quo utimur, et sub manu præsidentis ejusdem loci , de consilio pariter et assensu omnium fratrum in dicta insula nunc temporis commorantium, die Veneris post festum B. Mariæ , scilicet assumptionis, anno Domini millesimo quadringentesimo quadragesimo. — Constat de interlinea *nostros.* — Datum ut supra.

F. Jo. Doube. Verum est.

J'ai conservé l'approbation du mot *nostros* en interligne , parce que la plupart de mes lecteurs n'ont probablement pas l'habitude de ces sortes de rectifications dans les chartes latines.

Au moment où les cordeliers allaient quitter l'île de Herm, ceux du Cotentin abandonnaient les îlots de S. Marcouf pour se fixer à Valognes; ceux de l'île de Chausey y restèrent plus long-temps, avant de transférer leur maison dans le voisinage de Granville. Depuis l'établissement du protestantisme dans les îles Anglo-Normandes, leur position n'était plus tenable à Chausey, où ils étaient sans défense, exposés à la merci de gens qui, souvent leurs ennemis politiques, avaient toujours contre eux une grande animosité religieuse. — Voici le préambule d'une autre charte des cordeliers de Chausey où ils expriment le besoin d'être ségrégés de la société afin de pouvoir vaquer exclusivement à la vie contemplative, dont ils ne voyaient alors que les avantages. Ils ne tardèrent pas à en sentir les inconvénients. Je copie ce passage, parce que les mêmes raisons qui les avaient engagés à se fixer à Chausey avaient décidé S. Magloire à choisir l'île de Serk.

Cum jam dudum circa annum Domini millesimum quadringentesimum, bonæ memoriæ frater Petrus Fabri, ordinis minorum professor, attendens prudentissime insulam de Chauseyo, ab hominibus semotam, *aptam fore his qui cupiunt a conversatione secularium elongari, et celestibus contemplandis occupari*, etc... Il s'était adressé à l'abbé du Mont-Saint-Michel, propriétaire de cette île, pour lui permettre d'y former son établissement. — La charte qui donne ces détails est ainsi datée :

Actum in præfato conventu de conventu de Chauseyo, anno Domini Millesimo quingentesimo tricesimo secundo, die vero vicesima secunda mensis septembris.

N° IV.

Au moment de mettre sous presse, je me suis rappelé les rôles de Normandie que j'avais reçus depuis quelque temps dans le dernier volume des Mémoires des Antiquaires de la province, et ceux que mon savant ami, M. Th. Stapleton, a publiés pour la société des antiquaires de Londres. J'ai cru qu'ils pouvaient me fournir des renseignements curieux sur Pierre de Préaux, auquel le roi Jean-sans-Terre, encore duc de Normandie, avait concédé les îles Anglo-Normandes. J'ai consulté ces rôles très à la hâte, et j'y ai trouvé, dans le désordre où je suis obligé de les présenter, les renseignements suivants qui m'ont paru devoir offrir de l'intérêt aux habitants des îles du Cotentin. J'ai mieux aimé les présenter dans un état un peu décousu que de les supprimer entièrement. C'est à l'introduction de M. Stapleton que je dois non pas le texte de la concession des îles, mais une indication qui met sur la voie de cet acte important, qu'avec un peu de temps j'espère me procurer textuellement. Voici ce qu'il en dit en anglais p. cxlv du t. II.

« Le roi Jean, par sa charte, datée de la Roche
» d'Orival, *le 14 janvier 1200, avait concédé, à Pierre*
» *des Préaux, les îles de Gerse, et de Gernere et Aunene,*
» etc....., pour avoir et tenir de lui, par le service de
» trois chevaliers, jusqu'à ce que le COMTÉ de l'île
» de Wight lui fut dévolu avec la fille et héritière de Guil-
» laume comte de l'île, que le roi avait accordée audit
» Pierre, etc. »

Cette concession est confirmée, par une charte datée
d'Angers, le 21 juin suivant.

En conséquence, il épousa Marie, fille aînée de
Guillaume de Vernon, comte de l'île de Wight.

C'est en sa qualité de seigneur des îles que le roi lui
écrit cette lettre, rapportée par M. d'Anisy, p. 98,
parmi les contre-brefs de l'an II du règne de Jean :

« Rex etc. Petro de Pratellis salutem. Mandamus
« vobis quod faciatis habere Thomæ de Humez 100
« solidos andegavenses de stallagio 2 solidorum de ho-
« minibus suis de Insula de Gierseio........ Teste me
« ipso apud Andegavum 21 die junii.

En 1203, il rend compte à l'Echiquier de Normandie
du fief (*honor*) de Gavray. — Une lettre du roi Jean,

datée de Valognes, le 23 septembre de la même année, nous apprend qu'il avait été bailli de Falaise.

En 1204, nous le voyons à Rouen. — Il figure parmi les chevaliers, qui, au nom de la garnison de cette ville, signent une trève de 30 jours, à partir du 1 juin, avec Philippe-Auguste.

Sans doute il se soumit à ce prince, puisque son nom figure sur le registre des fiefs de Normandie appartenant à Philippe-Auguste.

Mais, plus tard, il dut revenir au service de son ancien maître. Car je lis dans M. Stapleton, p. ccxxxi du t. II, que le roi Jean, « par lettres patentes datées
» de Bourg-sur-Mer, en Gascogne, le 29 janvier 1206,
» lui mande de venir à lui, muni d'un sauf-conduit,
» pour la fête Saint-Pierre-ès-Liens, en lui faisant la
» promesse de le remettre en possession de ses terres en
» Angleterre, et de lui accorder divers avantages dans
» les îles, d'après le conseil de Rannulph, comte de
» Chester, et d'Engerran des Préaux. »

Il paraît qu'il mourut entre les années 1209 et 1212, ne laissant qu'une fille. — Sa veuve épousa Robert de Courtenay.

J'avais copié, sur le Livre Noir de Coutances, le registre des fiefs de Philippe-Auguste, parce que je le croyais resté en manuscrit. Mais j'ai reconnu depuis ce temps qu'il a été imprimé plusieurs fois et même dans la première moitié du XVIIe siècle, à la suite de l'histoire de la Maison d'Harcourt, par La Roque.

M. Falle, doyen de l'île de Jersey, mort il y a plus d'un siècle, a laissé une bonne histoire de cette île, dont la dernière édition, publiée, depuis quelques années, par M. Ed. Durell, qui l'a enrichie de notes copieuses et intéressantes, ajoute encore au mérite de cet ouvrage. Ce savant éditeur apprendra peut-être, avec intérêt, qu'en 1180., il y avait un doyen de l'île de Jersey, et qu'il se nommait Robert Merlin. Ce fait est indiqué par M. Stapleton et par M. d'Anisy.

Valognes, Imp. de v^e H. GOMONT, *libraire.*